Inmigración

Debra J. Housel, M.S.Ed.

Créditos de publicación

Asesora de Historia
Shannon C. McCutchen

Editores
Wendy Conklin, M.A.
Torrey Maloof

Directora editorial
Emily R. Smith, M.A.Ed.

Editora en jefe
Sharon Coan, M.S.Ed.

Directora creativa
Lee Aucoin

Gerente de ilustración
Timothy J. Bradley

Editora comercial
Rachelle Cracchiolo, M.S.Ed.

Teacher Created Materials

5301 Oceanus Drive
Huntington Beach, CA 92649-1030
http://www.tcmpub.com

ISBN 978-1-4938-1664-4

© 2016 Teacher Created Materials, Inc.
Printed in Malaysia
THU001.50393

Índice

Migración a Estados Unidos

Imagina vivir en un país superpoblado. Hay pocos trabajos y muchas personas son pobres y no tienen esperanza. A algunas incluso se las **hostiga** por sus creencias. El hambre y la desesperación están por todas partes. Las guerras abundan. Esta era la situación para fines del siglo XIX y comienzos del siglo XX. Por ello, millones de personas **migraron** a Estados Unidos. Llegaron de todo el mundo. En ningún otro momento de la historia tantas personas han llegado en masa a una sola nación.

Estados Unidos era visto como la tierra de las oportunidades. Europa estaba superpoblada. Las personas de Europa escucharon que había trabajos y mucha tierra para granjas al otro lado del océano. Dejaban todo atrás para venir a Estados Unidos. A menudo vendían todo lo que poseían para comprar los boletos. Esto hacía que su elección fuera **irrevocable**.

Enormes multitudes ingresaban a Estados Unidos diariamente. Esperaban conseguir trabajos y tener hogares. Querían rendir culto a su propia manera y vivir vidas felices. Muchos vieron sus esperanzas cumplidas. Otros no tuvieron tanta suerte.

Los inmigrantes que llegan a Estados Unidos esperan en fila en Ellis Island.

Este es un boleto de barco que se usaba para traer a alguien a Estados Unidos.

La invitación

En 1883, Emma Lazarus escribió un poema que hoy se muestra en la base de la Estatua de la Libertad. Refleja lo que sucedía en aquel tiempo: "Denme a sus abatidos, a sus pobres, a sus amontonadas multitudes **anhelando** respirar en libertad, los desamparados **desechos** de sus rebosantes costas. Envíenme a estos, los desamparados, agitados por una **tempestad**; ¡elevo mi faro junto a la puerta dorada!".

Explosión de la población

Antes de 1820, nadie llevaba registro de los inmigrantes. En la década de 1840, cerca de 100,000 personas llegaban a Estados Unidos cada año. Para 1854, esa cifra se había cuadruplicado. Para 1860, cuatro millones de **inmigrantes** ya habían ingresado a la nación. Y esto fue antes de los años de la Gran Migración de 1900 a 1930.

Antes de Ellis Island

La estación de Ellis Island se abrió en 1892. Antes de eso, ocho millones de inmigrantes entraron a través de la Isla Castle, un enorme fuerte de piedras circular en la costa de la ciudad de Nueva York.

¡Son muchas personas!

Más de 27 millones de inmigrantes ingresaron a Estados Unidos entre 1870 y 1916. El año pico fue 1907 cuando 1.2 millones de personas **inmigraron** al país. Hoy en día, uno de cada tres ciudadanos estadounidenses tiene un **ancestro** que entró a través de Ellis Island.

Los médicos examinan mujeres inmigrantes en Ellis Island.

Tarjeta de inspección de inmigración proporcionada en Ellis Island

Entrada a Ellis Island

Millones de inmigrantes llegaban a la estación de Ellis Island. Se encuentra cerca de la Estatua de la Libertad en el puerto de Nueva York. En Ellis Island, las personas tenían que pasar exámenes médicos y orales. Los inspectores rechazaban a quienes estaban enfermos, dementes o habían pasado tiempo en prisión.

Se les pedía que dijeran su nombre. Algunas no tenían apellido. Decían su primer nombre y lo que hacían para vivir. Así es como tuvieron apellidos como "Baker" (panadero), "Cook" (cocinero) y "Gardener" (jardinero). Otros decían cómo los llamaban en sus pequeños pueblos. "El hijo de Vilhelm John" se registró como "William Johnson". Otros cambiaron sus propios apellidos. Querían ocultar su **origen étnico**. Temían el mismo maltrato que los había obligado a abandonar sus hogares. Los nombres de muchas personas cambiaron para siempre.

La mayoría de las personas pasaban cerca de cuatro horas en la estación. Los médicos las examinaban para saber si tenían problemas de salud. Hacían una marca con gis en el hombro de una persona si se sospechaba alguna enfermedad. Las personas marcadas luego eran revisadas más detalladamente.

Tarjeta de identificación de inmigración para un hombre de Perú.

Excluido... la palabra temida

Los inmigrantes tenían que responder preguntas. Esto era difícil porque no siempre había **intérpretes**. Y pocos inmigrantes hablaban inglés. Esto dificultaba la comunicación. Algunos inspectores demandaban ver algo de dinero. Los inspectores querían asegurarse de que no estaban permitiendo la entrada de mendigos a su país.

Cada inmigrante tenía que probar que podía trabajar. Pero no podían decir que ya tenían un trabajo. Cualquiera que dijera eso era enviado a casa. El gobierno no quería que los empleadores trajeran mano de obra extranjera. Eso les quitaría trabajo a los ciudadanos estadounidenses.

Una vez que se realizaban las pruebas, se **excluían** cerca del dos por ciento de las personas. Esto significaba que no podían ingresar a la nación. Tenían que subir a un barco y volver a sus países de origen. Si un niño era excluido, al menos uno de los padres tenía que acompañarlo. De esta manera, algunas familias quedaban divididas. Nunca más volvían a verse.

Un grupo de mujeres y niños inmigrantes llegan a Estados Unidos.

¡Detenido!

Algunos eran **detenidos** en Ellis Island. Eran llevados a salas de detención. Estas salas estaban repletas. A veces, 2,500 personas estaban atiborradas en un espacio que era para no más de 1,500.

Reúnanse conmigo

Las mujeres solteras y los niños tenían reglas especiales. No podían salir de la isla hasta que un pariente masculino los reclamara o hasta que recibieran un telegrama que dijera que los hombres los esperaban en sus destinos finales.

Una madre italiana y sus tres niños llegan a Ellis Island.

Inmigrantes responden preguntas en Ellis Island

9

Los africanos eran sacados por la fuerza de sus hogares y vendidos como esclavos en el continente americano.

Inmigrantes involuntarios

La mayoría de los africanos no eligieron **emigrar**. Millones fueron secuestrados y llevados al extranjero. Luego, se vendían como esclavos.

Barcos fúnebres

Las condiciones eran terribles en algunos barcos que llegaban a Estados Unidos. Los peores fueron los "barcos fúnebres" irlandeses. Muchas personas estaban enfermas o hambrientas cuando se embarcaban. Se les decía que llevaran su propia comida, pero no tenían nada que llevar. Alrededor del 16 por ciento de los pasajeros morían durante estas horribles travesías.

Estos campesinos irlandeses tienen muy poco para alimentarse.

Urgidos por una vida mejor

Los irlandeses sufrieron una **hambruna** de 1845 a 1850. La mayoría de las personas ya eran pobres. Su principal fuente de alimento eran las papas. Cuando fracasaron los cultivos, un cuarto de toda la población murió de hambre. Incluso aquellos con alimentos tenían problemas. Los crueles terratenientes aumentaron la renta de las propiedades de los granjeros. Los granjeros no podían pagar para quedarse. Además, la mayoría de los irlandeses eran católicos romanos. Tenían que dar 10 por ciento de su **escaso** ingreso a la iglesia. Era difícil sobrevivir.

Los chinos tenían un rígido sistema de clases. La mayoría de las personas eran pobres. Muchas también estaban muriendo de hambre. Había demasiadas personas. Pero el gobernante no dejaba que los hombres salieran del país. Los hombres chinos tenían que abordar los barcos sin ser vistos. Si los atrapaban, se enfrentaban a la muerte. Los chinos fueron atraídos por la fiebre del oro en California en 1849. Más hombres abandonaron China cuando llegaron noticias de que se necesitaban obreros para los ferrocarriles y las minas.

Este cuadro muestra la cantidad de inmigrantes que vivía en Estados Unidos en 1920. Cada hombre del cuadro representa un país diferente.

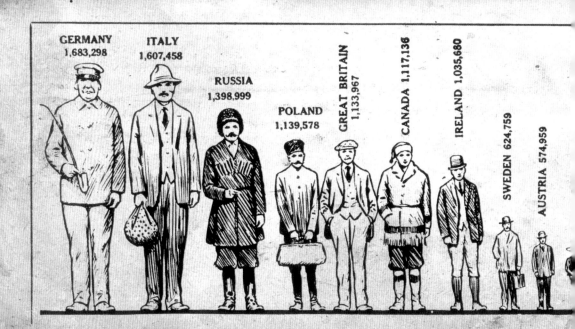

GERMANY 1,683,298
ITALY 1,607,458
RUSSIA 1,398,999
POLAND 1,139,578
GREAT BRITAIN 1,133,967
CANADA 1,117,136
IRELAND 1,035,680
SWEDEN 624,759
AUSTRIA 574,959

Guerras y tierra gratuita

La guerra de Crimea ocurrió en la década de 1850. Involucró a Gran Bretaña, Francia, Rusia, Turquía y Ucrania. Las personas huían de estas áreas azotadas por la guerra.

Otras guerras también provocaron que los inmigrantes llegaran a Estados Unidos. Durante la Revolución mexicana (1910–1920), alrededor de 700,000 mexicanos pasaron a través de la frontera. Y en Europa, la Primera Guerra Mundial (1914–1918) dejó a muchas personas sin nada. Esperaban comenzar vidas nuevas en Estados Unidos.

La ley de asentamientos rurales de 1862 atrajo a personas de Alemania y Escandinavia. En esas naciones, las tierras eran escasas y solo propiedad de los ricos. La tierra gratuita era tan emocionante para ellos como hoy lo sería ganar la lotería.

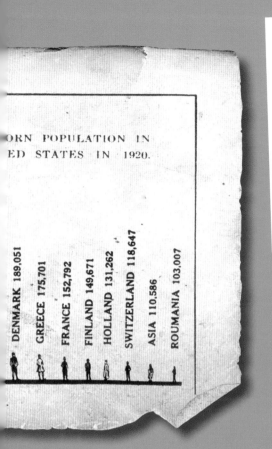

ORN POPULATION IN
ED STATES IN 1920.

DENMARK 189,051
GREECE 175,701
FRANCE 152,792
FINLAND 149,671
HOLLAND 131,262
SWITZERLAND 118,647
ASIA 110,586
ROUMANIA 103,007

Este inmigrante mexicano llega a Estados Unidos.

Muchos inmigrantes

Alemania envió la mayoría de inmigrantes. El segundo grupo más grande llegó desde Italia. Italia tenía demasiadas personas y no habían suficientes trabajos.

Ley de asentamientos rurales

El gobierno de Estados Unidos quería alentar a las personas a que se mudaran al oeste. Por una pequeña tarifa administrativa, 160 acres (65 hectáreas) se otorgaban a cualquiera dispuesto a cultivar la tierra. Después de cultivar la tierra durante cinco años, la persona pasaba a ser su dueño. Estas tierras gratuitas ayudaron a los estadounidenses e inmigrantes a mudarse al oeste y construir sus propios hogares.

Los judíos de Rusia y Europa Oriental no tenían nada que perder. Entre 1881 y 1906, los **pogromos**, o masacres, eran respaldados por líderes brutales. Las personas judías eran asesinadas por miles. No podían tener funciones gubernamentales, ser propietarias de tierras, ni viajar. Incluso estaban obligadas a vivir en ciertas aldeas. Sin advertencia, los soldados hacían redadas en esos pueblos. Quemaban casas y golpeaban a las personas. Estas personas querían seguridad en tierras nuevas.

13

Millones de hombres

Para fines del siglo XIX, la mayoría de los inmigrantes eran hombres que tenían entre 24 y 45 años de edad. Algunos hombres planeaban quedarse solo lo suficiente como para ganar dinero y mejorar sus vidas. Otros planeaban hacer que sus familias se les unieran en Estados Unidos.

Trabajadores inmigrantes

Muchos inmigrantes eran mineros que trabajaban con carbón, cobre y zinc de la tierra. Algunos trabajaban en canteras de mármol y granito. Una cantera es un pozo excavado en la tierra. Otros trabajaban como leñadores o en acerías. Para 1910, más de la mitad de los trabajadores de Estados Unidos eran inmigrantes.

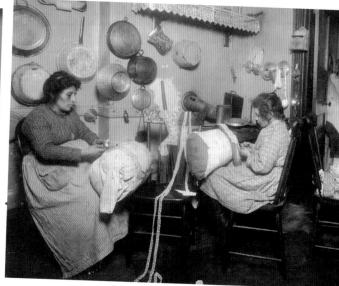

Madre e hija trabajan en la cocina de su apartamento de inquilinato.

Es tan difícil comenzar de nuevo

Comenzar una nueva vida en Estados Unidos fue difícil. Los inmigrantes se enfrentaron a grandes problemas. En las estaciones de entrada, algunos funcionarios **deshonestos** exigían sobornos. Para que los inmigrantes pagaran, amenazaban con excluir a miembros de su familia. En las calles, **estafadores** intercambiaban la moneda extranjera de los inmigrantes por menos de lo que valía en dólares estadounidenses. Los inmigrantes no tenían otra opción. Tenían que cambiar su dinero para poder comprar cosas.

La mayoría de los inmigrantes habitaban en **viviendas de inquilinato**. Estos descuidados edificios pertenecían a propietarios ambiciosos. Hasta 32 familias eran atiborradas dentro de estos edificios que carecían de aire y luz del sol. Alrededor de 4,000 inmigrantes vivían en cada cuadra de la ciudad.

Encontrar trabajo era fácil. Pero la paga era baja y las condiciones horribles. A los propietarios de negocios no les importaba si los trabajadores estaban en condiciones de suciedad y peligro. Las industrias **explotaban** a los inmigrantes. Pagaban a los hombres inmigrantes menos que a otros trabajadores. Las mujeres inmigrantes ganaban aún menos que los hombres inmigrantes.

Esta vivienda de inquilinato muestra la pobreza de algunos inmigrantes en estos tiempos.

Intento por adaptarse

A veces, familias completas trabajaban en sus apartamentos de un cuarto. En lugar de ir a la escuela, los niños también trabajaban. Las familias hacían **trabajo a destajo** por centavos. El trabajo a destajo incluía hacer costuras o coser pequeños artículos. A los inmigrantes se les pagaba por cada pieza que terminaban.

La mayoría de los inmigrantes trabajaba en cualquier tipo de condiciones por largas horas y una paga baja. Esto hizo que otros trabajadores se disgustaran con ellos. Los trabajadores estadounidenses sentían que nunca podrían mejorar las condiciones y los salarios. ¿Por qué? Siempre había un flujo de personas nuevas dispuestas a soportar cualquier cosa solo por tener trabajo.

Además, había barreras idiomáticas y culturales. Los inmigrantes debían adaptarse rápidamente. Tenían que aprender inglés sin capacitarse. La mayoría de los niños aprendía el nuevo idioma más rápido que los adultos. A medida que adquirían habilidades en inglés, muchos niños comenzaron a tomar las decisiones en sus familias.

Algunos inmigrantes se aferraron a sus propias tradiciones y vestimenta. En ocasiones, eran atacados por la forma de hablar, el aspecto o la vestimenta. Entonces, por comodidad, los inmigrantes de cada nación se agruparon en vecindarios. Por eso en las grandes ciudades se formaron lugares como la Pequeña Italia y el barrio chino.

Grupos de inmigrantes

En el siglo xx, la mayoría de los inmigrantes vivía en una de estas ciudades: Nueva York, Filadelfia, Detroit, Cleveland, Baltimore o Chicago.

Escuelas católicas

La mayoría de las personas que establecieron las primeras colonias eran protestantes. Muchos católicos temían enviar a sus hijos a escuelas públicas porque podrían burlarse de ellos o lastimarlos. Por ello, reunieron dinero y construyeron sus propias escuelas.

Mullberry Street era una calle transitada de un vecindario de inmigrantes italianos en la ciudad de Nueva York.

Temor a los inmigrantes

Muchos ciudadanos estadounidenses temían que Europa enviara las personas menos deseables a Estados Unidos. Se imaginaban naciones que vaciaban sus prisiones y **manicomios** en los barcos dirigidos hacia Estados Unidos.

Inmigración japonesa

Muchos japoneses llegaron a Hawái para trabajar en las plantaciones de azúcar. A diferencia del gobierno chino, los líderes de Japón los alentaban a ir. Entre 1886 y 1911, más de 400,000 japoneses llegaron a Hawái o a la Costa Oeste.

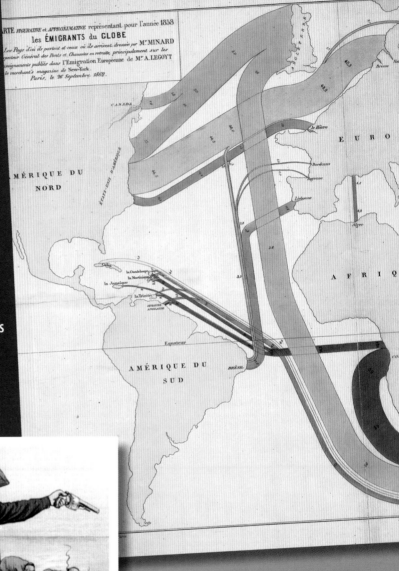

Esta caricatura política muestra cómo se sentían algunas personas acerca de los inmigrantes chinos.

LÉGENDE.
Couleurs indiquant les Pays d'où sont partis les Emigrants.

Emigrants partis

d'Angleterre
de Hambourg et Brême
de France
de Portugal
d'Afrique
de Chine
des Indes Orientales

Este mapa francés muestra las estadísticas de inmigración en 1858.

Disgustados por la inmigración

Para finales de la década de 1850, los ciudadanos de Estados Unidos comenzaron a protestar. No querían que tantas personas llegaran a su nación. Exigieron que se tomaran medidas. Las primeras restricciones a la inmigración se implementaron en 1875. Fue cuando el Congreso aprobó una ley para impedir la entrada de personas con antecedentes criminales.

Siete años más tarde, el Congreso aprobó una ley para detener la inmigración china. Esta vez, el Congreso puso más límites a todos los inmigrantes. A las personas que estaban enfermas, dementes o que no podrían mantenerse por sí mismas no se les permitía la entrada.

Después de 1917, cada inmigrante tenía que mostrar que podía leer y escribir en su propio idioma. Ese mismo año, el Congreso creó una ley que excluía a todas las personas de Asia y las islas del Pacífico. Los filipinos de las Filipinas eran la única excepción. Las Filipinas era un territorio de Estados Unidos en aquel tiempo. Así que no se consideraban extranjeros.

China en 1869

La experiencia asiática

En 1882, el Congreso detuvo la inmigración china con la ley de exclusión de chinos. Después de eso, menos asiáticos trataron de ingresar a la nación. Luego, en abril de 1906, un terremoto y un incendio arrasaron San Francisco. Se perdieron todos los registros legales. De esta manera, no había forma de probar quién era un ciudadano estadounidense.

Muchos hombres chinos que vivían allí aprovecharon esta oportunidad. Afirmaron que habían nacido en Estados Unidos. Esto los hacía a ellos y a sus hijos, ciudadanos estadounidenses. No importaba que los niños hubieran nacido en China. Los hombres chinos instaron a sus familias a que vinieran a Estados Unidos.

Estas imágenes muestran la destrucción del terremoto de San Francisco de 1906.

Ferrocarril transcontinental

Los chinos hacían los trabajos más peligrosos para los ferrocarriles. Excavaban zanjas, abrían túneles con explosivos dentro de montañas, trabajaban en minas y construían represas en ríos. En la década de 1870, muchos empleadores decidieron no contratar asiáticos. Entonces, los ingeniosos chinos abrieron restaurantes y lavanderías.

Atascados en el barco

La Oficina de Inmigración procesaba pasajeros en este orden: primera clase, segunda clase y **bodega**. La bodega era la cubierta más baja del barco. Después de semanas en el mar, las personas que estaban en la bodega estaban ansiosas de salir de los sucios y hacinados barcos.

Para detener la **afluencia** china, se abrió la Estación de Inmigración de Angel Island en 1910. Esta se encuentra ubicada en la bahía de San Francisco.

Atravesar esta estación de inmigración era difícil. Cuando un barco navegaba hacia el puerto, se agrupaba a las personas por nacionalidad. Los blancos y quienes venían en primera y segunda clase descendían en San Francisco. Las personas con problemas de salud y todos los asiáticos se quedaban a bordo. Iban a Angel Island.

Hijos de documentos

Algunos niños varones chinos que querían venir a Estados Unidos se convirtieron en los "hijos de documentos". Sus padres compraban documentos que indicaban que eran hijos de ciudadanos estadounidenses. Estos niños tenían que memorizar detalles sobre personas que nunca habían conocido para pasar la indagatoria.

Excepciones a las reglas

Algunos asiáticos podían ingresar a Estados Unidos bajo la ley de exclusión de chinos de 1882. Eran mercaderes, **clérigos**, **diplomáticos**, maestros y estudiantes.

Niños chinos esperan los exámenes médicos en Angel Island.

La estación de inmigración de Angel Island está cerca de San Francisco, California.

Angel Island no era el paraíso

En Angel Island, las autoridades detenían a todas las personas chinas. Los edificios eran calurosos y estaban sucios. Las personas permanecían en celdas pequeñas y apestosas. Las celdas parecían jaulas de zoológico. Las personas eran encerradas y rara vez salían.

Los guardias lanzaban pequeñas cantidades de comida en el piso para que comieran. Algunos vivían en estas horrorosas condiciones por meses antes de ser interrogados.

Cada inmigrante se enfrentaba a una Junta de Interrogación Especial. Los miembros de la junta tenían que votar positivamente por mayoría para que una persona fuera admitida en Estados Unidos. La junta hacía preguntas sobre la vida hogareña, los antecedentes familiares y la aldea de la persona.

Los inmigrantes tenían que probar que pertenecían a ciudadanos estadounidenses. Luego los ciudadanos estadounidenses también tenían que responder preguntas. Si las respuestas de ambos eran diferentes, los inspectores rechazaban a los nuevos inmigrantes. Alrededor del 10 por ciento de los inmigrantes eran excluidos.

Solo unos pocos permitidos

En 1921, el Congreso limitó la cantidad total de personas que podían inmigrar a Estados Unidos por año. Estas leyes se conocen como **cuotas**. Muchos miembros del Congreso eran de Alemania, Gran Bretaña, Escocia e Irlanda. Entonces, crearon leyes que favorecían a las personas de Europa. Las cuotas reducían la cantidad de personas que podían venir de otros lugares del mundo.

En 1924 entró en vigor la ley de orígenes nacionales. Esta ley estableció nuevas cuotas. Las cuotas para Europa Oriental eran más bajas que antes. Pero después de esta ley, pocos asiáticos pudieron inmigrar a Estados Unidos.

Trabajadores chinos enlataban salmón en la costa oeste.

La Segunda Guerra Mundial llevó muchos soldados estadounidenses al extranjero para combatir. Mientras estaban en la guerra, algunos se casaron. La ley de novias de guerra de 1945 les permitió traer a sus cónyuges e hijos al país. En 1952, la ley de nacionalidad e inmigración estableció nuevas cuotas. Estas leyes finalmente permitieron la entrada de personas de naciones asiáticas y otros lugares en los que los inmigrantes habían sido bloqueados. Finalmente se ofreció la ciudadanía a muchos inmigrantes asiáticos.

Dalip Singh Saund

La ley de inmigración de 1921 limitó la cantidad de personas que podía ingresar a Estados Unidos.

Una historia de éxito

Dalip Singh Saund llegó de la India. Trabajó para que el gobierno terminara con la discriminación contra los asiáticos. Fue el primer asiático elegido para la Cámara de Representantes.

Leyes injustas

A pesar del hecho de que los chinos eran muy laboriosos y hacían muchos trabajos que nadie más quería hacer, a las personas les disgustaban. Para la década de 1920, las leyes estadounidenses establecieron que ningún inmigrante asiático podía poseer tierras, convertirse en ciudadano estadounidense o casarse con personas blancas. Pasó mucho tiempo hasta que se cambiaron estas leyes injustas.

Famosos en Estados Unidos

Padre Flanagan

El padre Edward Flanagan llegó de Irlanda en 1904. Creó Boys' Town, un hogar para niños huérfanos. Su arduo trabajo y amor ayudó a miles de niños.

Arquitecto mundialmente famoso

I. M. Pei llegó como un estudiante chino en 1935. Este arquitecto diseñó muchos edificios famosos. Incluso creó una ampliación del Louvre de Francia. Es el museo de arte más famoso del mundo.

Emigrantes de otros países hicieron importantes contribuciones a la nación. Muchos de sus nombres se han olvidado. Per algunos ganaron fama. Elijah McCoy llegó a Estados Unidos desde Canadá en 1870. Sus padres vivieron allí después de escapar de la esclavitud. Inventó una taza lubricante. Esta mejoró los motores a vapor y la maquinaria de fábricas.

Madeleine Albright llegó a Estados Unido de Checoslovaquia en 1948. Tenía solo once años de edad. Ya de adulta, Albright fue embajadora de las Naciones Unidas. Luego, en 1997, se convirtió en la primera secretaria de estado. Fue muy exitosa en este puesto durante cuatro años.

Chien-Shiung Wu se graduó de la universidad en China. Inmigró a Estados Unidos en 1936. Allí, obtuvo dos títulos universitarios más. Luego, fue profesora universitaria. El gobierno estadounidense pidió a Wu que ayudara a construir la bomba atómica. Es reconocida como una de las mujeres más importantes de la ciencia.

Madeleine Albright fue la primera mujer secretaria de estado.

Irving Berlin fue un famoso compositor que inmigró a Estados Unidos. Su familia llegó de Rusia. Compuso "Blanca Navidad" y "Dios bendiga a América".

Mosaico cultural

Estados Unidos es una mezcla de muchas culturas. Ningún otro lugar en la Tierra ha tenido tantos inmigrantes. Cada año llegan cerca de un millón de personas nuevas. Muchas todavía se establecen en la ciudad de Nueva York.

En 1965, el Congreso levantó las restricciones que había establecido sobre la inmigración durante la década de 1920. Como resultado, en los últimos 40 años, otros 25 millones de personas han llegado a Estados Unidos. En la actualidad, la mayoría de los inmigrantes llegan de México, Filipinas, Rusia y China.

La inmigración no ha sido fácil, pero trajo nuevas ideas a los lugares donde se establecieron los recién llegados. Cada grupo aportó a todo el país en su manera particular. Estas contribuciones incluyen la comida que comemos, la manera en que hablamos, la música que nos gusta e incluso los valores que apreciamos, como la libertad de expresión. Todas ellas tienen como base la **asimilación** de ideas de todo el mundo. De muchas maneras, los inmigrantes han hecho de Estados Unidos lo que es hoy.

¿Puedes creerlo?
En la ciudad de Nueva York ¡se hablan más de 100 idiomas diferentes!

Preguntas para el futuro
Muchas de las mismas preguntas que se han analizado por siglos continúan en debate. ¿Quién debería poder venir a Estados Unidos? ¿Quién debe excluirse? ¿Y qué debe hacerse acerca de los millones de inmigrantes que llegan al país ilegalmente cada año?

Glosario

afluencia: el arribo de un gran número de personas

ancestro: alguien que viene antes en una familia, como una bisabuela

anhelando: sintiendo un deseo con ansias

asimilación: absorción e incorporación (agregado a)

bodega: la cubierta más baja de un barco

clérigos: personas capacitadas para dirigir servicios religiosos, como sacerdotes, rabinos y ministros

cuotas: cantidades o números fijos

desechos: no deseados, excluidos; deshechados

deshonestos: con características criminales

detenidos: retenidos para ser interrogados

diplomáticos: personas que representan a los gobiernos de sus naciones en países extranjeros

emigrantes: personas que dejan sus naciones para vivir en un lugar nuevo

emigrar: abandonar un lugar de residencia para vivir en un lugar nuevo

escaso: apenas suficiente

estafadores: personas que engañan a otras por dinero o bienes

excluían: no se permitía que participaran en algo

explotaban: trataban mal

hambruna: falta extrema de alimento

hostiga: que ocasiona una situación desagradable mediante ataques repetidos

inmigrantes: personas que van a naciones nuevas para vivir

inmigraron: se trasladaron a un nuevo lugar de residencia

intérpretes: personas capacitadas para traducir de un idioma a otro

irrevocable: que no se puede cambiar o recuperar

manicomios: hospitales especiales donde aquellos con enfermedades mentales reciben tratamiento

migraron: se fueron de una región o nación a otra para establecerse

origen étnico: perteneciente a determinadas naciones o grupos étnicos (culturales)

pogromos: matanzas organizadas de grupos de personas por motivos políticos o religiosos; generalmente planeadas por líderes del gobierno

tempestad: una tormenta en el mar

trabajo a destajo: trabajo en el que los salarios se ganan en función de la cantidad de piezas cosidas

viviendas de inquilinato: edificios de apartamentos de aspecto descuidado en secciones pobres de las ciudades

Índice analítico

Créditos de imágenes